westermann

Sprache untersuchen

Erarbeitet von

Heike Baligand
Angelika Föhl
Tanja Holtz
Nadine Pistor

in Zusammenarbeit mit der
Westermann-Grundschulredaktion

Für die Ausleihe bearbeitet von

Heike Baligand
Christina von Weyhe

Unter Beratung von

Nadin Haida-Herklotz
Jutta Ibach
Miriam Jacobs
Katharina Jorga
Insa Scheller
Christina von Weyhe
Prof. Dr. Anja Wildemann

Illustriert von

Angela Fischer-Bick und Karoline Kehr

Flex und Flora

Deutsch 2

Inhaltsverzeichnis

Seite

Selbstlaute erkennen

1 Sprich mit einem Partnerkind.
Was steht an der Tafel?

2 Lies den Satz.
Sprich auch die fehlenden Buchstaben.

e	u	o	a	au	e	ü	e

Fl■x ■nd Fl■r■ k■f■n B■ch■r.

Selbstlaute sind **a**, **e**, **i**, **o**, **u**. Dazu gehören auch
- die **Umlaute ä**, **ö**, **ü**,
- die **Zwielaute au**, **äu**, **ei**, **eu**,
- **ie**.

Alle anderen Buchstaben heißen **Mitlaute**: b, c, d, f, …

3 Schreibe die Wörter ins Heft.
Markiere die Selbstlaute **a**, **e**, **i**, **o**, **u**,
die Umlaute **ä**, **ö**, **ü** und die Zwielaute **au**, **äu**, **ei**, **eu**.

Sonne	Nebel	Wolke	Sturm	Gewitter	Feuer	Bär

AH S. 6

Selbstlaute kennenlernen
Selbstlaute in Wörter einsetzen
Selbstlaute in Wörtern erkennen

Fö 12
HR

Mit Selbstlauten arbeiten

1 Schreibe die Wörter ins Heft.
Markiere die Umlaute **ä**, **ö**, **ü** in den Wörtern.

1) Mädchen, ...

Mädchen	Löwe	Käfer	Frühling	Blüte	Flöte

2 Schreibe die Wörter ins Heft.
Markiere die Selbstlaute und die Umlaute,
die daraus werden.

2) Schaf → Schäfchen
...

Schaf → Schäfchen

Hund → Hündchen

Vogel → Vögelchen

Katze → Kätzchen

3 Schreibe die Wörter ins Heft.
Setze die Umlaute ein.

3) Blatt → Blätter

Blatt → Bl■tter		Hand → H■nde	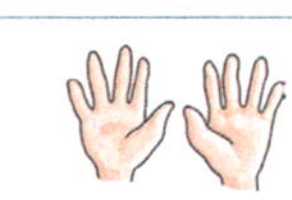
Loch → L■cher		Rock → R■cke	
Buch → B■cher		Fuß → F■ße	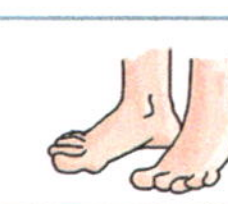

4 Übe, das Gedicht vorzulesen.

Der schöne Bär Umbartolo
ist gar nicht glücklich, gar nicht froh.
Am Rücken und am Po,
da ärgert ihn der freche Floh.

5 Lies das Gedicht einem Partnerkind vor.
Ersetze dabei die Selbstlaute durch **o**, **u** oder **i**.
Dor schono Bor Ombortolo ...

Silben erkennen

1 Sprich mit einem Partnerkind.
Wie oft muss Flora schwingen?

2 Lies die Wörter langsam und halblaut. Schwinge oder schreite die Silben.

Ka mel — Ha se — Wurm — Vo gel — Kän gu ru

Wörter bestehen aus **Silben**.
In jeder Silbe ist ein Selbstlaut: **a**, **e**, **i**, **o**, **u**,
ein Umlaut **ä**, **ö**, **ü**, ein Zwielaut **au**, **äu**, **ei**, **eu** oder **ie**.
Wal – 1 Silbe Kä fer – 2 Silben Pa pa gei – 3 Silben

3 Finde die zweite Silbe zu jedem Wort.
Schreibe die Wörter ins Heft.

3) Bleistift
...

stift — fel — sel — de — re — ner

 der Bleistift

 die Ta ___

 die Sche ___

 der Ord ___

 der Pin ___

 die Krei ___

Silben erkennen
Wörter sprechen und in Silben gliedern
Zweisilbige Wörter vervollständigen

HR

Wörter in Silben zerlegen

1 Sprich die Wörter deutlich.
Zeige einem Partnerkind die passenden Silbenbögen.

Butter	Saft
Salami	Tomate
Salz	Schinken

Wurst	Banane
Birne	Brot
Melone	Honig

2 Lass dir die Wörter langsam und deutlich
von einem Partnerkind vorlesen.
Sage bei jedem Wort,
wie viele Silben du hörst.

Salat	Kirschkuchen	Keks
Margarine	Gurke	Zitrone
Milch	Schokolade	Honig
Käse	Paprika	Saft

3 Schreibe die Monate nach der Anzahl der Silben geordnet ins Heft.

Dezember	März	Juni	Mai	November	Juli	August

3) 1 Silbe: März, ...
2 Silben:
3 Silben:

Wörter aus Silben bilden

1 Finde die zweite Silbe zu jedem Wort.
Schreibe die Wörter ins Heft.

1) lesen, ...

le	schen
wa	fen
rech	ken
den	nen
kau	sen

wün	len
spie	teln
war	hen
ste	schen
bas	ten

2 Bilde Wörter und schreibe sie ins Heft.
Markiere die Selbstlaute und zeichne die Silbenbögen.

2) Bruder, ...

Bru	rer	Ok
Leh	to	Va
ter	der	ber

Nu	bel	Re
	del	gel
Ne	kel	On

3 Löse das Silbenrätsel. Schreibe die Wörter ins Heft.

nen	me	tro	Mar	la	Zi	gel	eis	ei	Spie	de

a) ein Nachtisch

b) ein Brotaufstrich

c) Welches Wort bleibt übrig?

Aus Silben Wörter bilden
Selbstlaute in Silben markieren
Wörter in Silben gliedern

KV 16
Fö 16 / Fo 9

Mit Silben reimen

1 Bilde Wörter aus den Silben und schreibe sie ins Heft.
Welche Silbe ist in beiden Wörtern gleich? Markiere.

1) Hase
Nase
...

Ha / Na	se	Blü / Tü	te
Na / Da	me	Flü / Hü	gel
Ne / He	bel	Zie / Flie	ge

2 Bilde Reimwörter und lies sie einem Partnerkind vor.

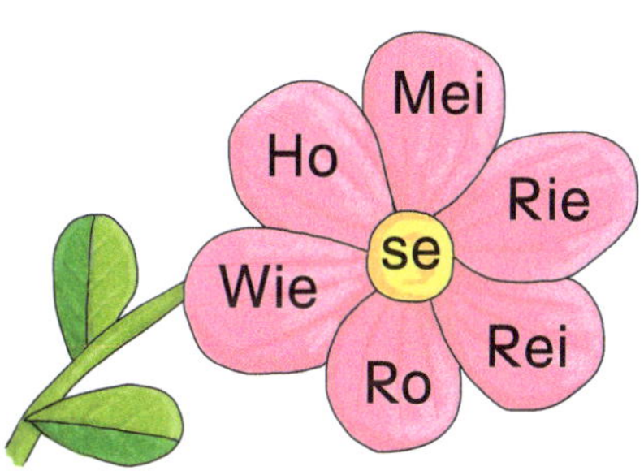

3 Finde die Reimwörter und lies sie einem Partnerkind vor.

wir zielen wir spie ▭	wir sinken wir tr ▭	wir raufen wir l ▭
wir schenken wir d ▭	wir lachen wir m ▭	wir siegen wir fl ▭

4 Finde Reimwörter zu den Wörtern **Pfanne** und **sitzen**.
Schreibe sie ins Heft.

4) Pfanne, T..., ...

Mit dem ABC arbeiten

1 Sprich mit einem Partnerkind. Was meint Flex?

2 Lies die Buchstaben im Bild nach dem ABC.
Die Buchstabenleiste auf Seite 11 hilft dir.

3 Welche Buchstaben fehlen im ABC?
Schreibe ins Heft.

3) B, D, ...
c, ...

A ■ C ■ E F ■ H I J K ■ M ■ O P Qu R ■ T ■ V W X Y ■

a b ■ d e ■ g h ■ j ■ l m n ■ p qu r s ■ u v ■ x ■ z

Das **ABC** ist die Liste der Buchstaben von **A** bis **Z**.
Es hat 26 Buchstaben und heißt auch **Alphabet**:
A B C D E F G H I J K L M N O P Qu R S T U V W X Y Z.

4 Sprich das ABC mehrmals halblaut.
Lies mal schnell, mal langsam, mal leise, ...
Sprich es einem Partnerkind vor.

Das Abc kennenlernen
Die Reihenfolge des Abc durch häufiges Sprechen automatisieren
Durch aktives Zuhören die Buchstabenfolge festigen

5 Welche Buchstaben folgen?
Schreibe ins Heft.

A B ■ F G ■ M N ■ R S ■

c d ■ i j ■ o p ■ u v ■

5) ABC, FG …
cd …

6 Hier fehlt immer ein Buchstabe.
Schreibe erst den fehlenden Buchstaben ins Heft. Schreibe dann die Buchstaben in der richtigen Reihenfolge.

6) C, ABCDE
…

A B D E	P Qu R T	K M N O	U V X Y Z
a b c d f	v w x z	qu r s u	g h i k

7 Welche Buchstaben stehen davor?
Schreibe ins Heft.

■ ■ E ■ ■ T ■ ■ W

■ ■ ■ p ■ ■ ■ z ■ ■ ■ k

7) CDE, …

8 Schreibe die Wörter nach dem **ABC** geordnet ins Heft.

a) Esel
Mund
Ampel

b) Raupe
Tante
Nase

8 a) …
…
…

Wörter werden nach ihren Anfangsbuchstaben geordnet:
Lampe, **M**utter, **N**agel.

A a
B b
C c
D d
E e
F f
G g
H h
I i
J j
K k
L l
M m
N n
O o
P p
Qu qu
R r
S s
T t
U u
V v
W w
X x
Y y
Z z

Wörter nach dem ABC ordnen

1 In jedem Kasten fehlen Wörter. Ordne die Wörter nach dem ABC ein und lies alle Wörter einem Partnerkind vor.

Dank	Mutter	Fenster	Garten	Licht	Onkel	Junge

Abend	Ente	Igel	____
Buch	____	____	Nacht
Clown	____	Katze	____
____	Hand	____	Papier

2 Schreibe die Anfangsbuchstaben der Wörter nach dem ABC geordnet ins Heft. Schreibe die Wörter dazu.

2) a) B Banane
K ...
...
...
b) ...

a)
Zitrone
Banane
Kiwi
Melone

b)
pink
blau
rot
gelb

c)
malen
laufen
rechnen
bauen

3 Schreibe die Wörter nach dem ABC geordnet untereinander ins Heft.

3) April
...

April	leben	Tochter	bleiben	nehmen	Ostern	zeigen	drei

Namen nach dem ABC ordnen

1 Sprich das ABC halblaut.
Lies den Namen, der zu dem Buchstaben passt.

Timo	Karim	Anna	Indra	Paul
Hans	Wilma	Bernd	Natalia	Leo

A wie Anna,
B wie Bernd – das passt.
C wie ... –
da passt nichts.

2 Wie heißen deine Freunde? Schreibe.

a) Schreibe die Namen von 3 Freunden ins Heft.

2a) Mila, Fred, ...

b) Schreibe die Namen nach dem ABC geordnet ins Heft.

2b) Fred, Mila, ...

Manchmal musst du auch
auf den zweiten oder dritten
Buchstaben achten.

3 Schreibe die Namen der Frauen und der Männer nach dem ABC geordnet ins Heft.

3) Frauen: Erika, ...
Männer: Albert, ...

4 Schreibe ein Namen-ABC ins Heft.
Anton, Bruno, Clara, ...

Nomen erkennen

1 Sprich mit einem Partnerkind.
Wann werden Wörter großgeschrieben?

2 Probiere aus, vor welche Wörter aus dem Bild du **ein/eine** oder **viele** setzen kannst. Schreibe die passenden Wörter ins Heft.

> 2) eine Frau – viele Frauen
> ...

3 Markiere die Anfangsbuchstaben der Wörter von Aufgabe 2.

Wenn du **ein/eine** oder **viele** vor ein Wort setzen kannst, dann schreibst du es groß. Diese Wörter heißen **Nomen**:
ein Kind – viele Kinder, ein Buch – viele Bücher, ...

4 Schreibe weitere Nomen ins Heft.
Markiere die Anfangsbuchstaben.

> 4) eine Tafel – viele Tafeln
> ...

Nomen in Einzahl und Mehrzahl kennenlernen und schreiben
Großschreibung der Anfangsbuchstaben von Nomen kennenlernen
Die Nomenprobe mit *ein/eine* und *viele* kennenlernen

5 Mache bei allen Wörtern die Nomenprobe mit **ein / eine** oder **viele**.
Sprich die Wörter halblaut.

Ich mache die Nomenprobe: **eine Blume – viele Blumen.**

6 Schreibe die Nomen von Aufgabe 5 ins Heft.

6) Blume, …

Nomen gibt es in der **Einzahl**: ein Schuh, eine Blume, …
Nomen gibt es in der **Mehrzahl**: viele Schuhe, viele Blumen, …

7 Schreibe die Einzahl und die Mehrzahl ins Heft.

ein / eine → Einzahl	**viele → Mehrzahl**
ein Pferd	viele ▬
eine Banane	viele ▬
ein Tisch	viele ▬
eine Schwester	viele ▬
ein Brief	viele ▬

7) ein Pferd – viele Pferde
…

Nomen kannst du zählen: 2 Bananen, 3 Pferde, …

8 Suche die Wörter in einem Wörterbuch.
Schreibe sie mit der Mehrzahl ins Heft.

Atlas Kaktus Pizza
Lexikon Museum

Nomen erkennen: Menschen

1 Schreibe die Nomen und Namen in Einzahl und Mehrzahl ins Heft.

1) eine Tante – viele Tanten
…

Da kommen viele Menschen zu Besuch. Von einigen kenne ich die Namen: **Lena** und **Ole**.

2 Markiere die Anfangsbuchstaben der Wörter von Aufgabe 1.

Wörter für Menschen sind Nomen. Du schreibst sie groß: **ein Kind – viele Kinder.**

Auch Namen sind Nomen: **eine Lena – viele Lenas.**

3 Schreibe die Berufe in Einzahl und Mehrzahl ins Heft.

3) ein Frisör – viele Frisöre
…

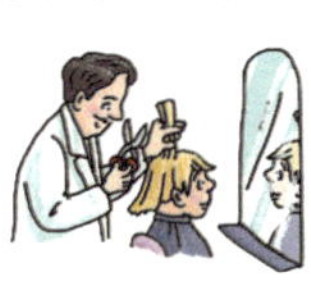

4 Wie heißen die Berufe von Aufgabe 3 für Frauen? Schreibe jeweils die Einzahl und die Mehrzahl ins Heft.

Nomen erkennen: Tiere

1 Schreibe die Nomen in Einzahl und Mehrzahl ins Heft. Markiere die Anfangsbuchstaben.

1) ein Fisch – viele Fische
...

Löwe   Biene   Ameise   Fisch   Zebra

ein/eine → Einzahl	viele → Mehrzahl

2 Schreibe die Sätze mit den passenden Nomen von Aufgabe 1 ins Heft.

Viele ▬ schwimmen im Wasser.

Eine ▬ lebt in einem Ameisenhügel.

Ein ▬ ist ein gefährliches Tier.

Viele ▬ summen im Blumenbeet.

Ein ▬ hat weiße und schwarze Streifen.

3 Welche 5 Wörter sind falsch geschrieben? Mache die Nomenprobe. Erkläre es einem Partnerkind.

katze   schön   ente   käfer   streiten   kuh   bitten   pferd   weiß

4 Schreibe deine Lieblingstiere in Einzahl und Mehrzahl ins Heft.

4) ...

Bestimmte und unbestimmte Artikel erkennen

1 Sprich mit einem Partnerkind.
Welche Wörter meint Flora?

2 Schreibe die Nomen geordnet ins Heft.

2) der	die	das
der Vogel	...	

der Vogel		das Auto	der Lehrer	die Blume
die Katze	das Zebra	die Tante	das Kind	der Tisch

Die Wörter **der**, **die**, **das** heißen **Artikel**. Sie gehören zu Nomen.
Die **bestimmten Artikel** in der **Einzahl** sind **der**, **die** und **das**:
der Vogel, die Blume, das Auto, ...
Der **bestimmte Artikel** in der **Mehrzahl** ist immer **die**:
die Vögel, die Blumen, die Autos, ...

3 Schreibe die Nomen in der Einzahl
mit **der**, **die** oder **das**
und in der Mehrzahl mit **die** ins Heft.

3) das Messer – die Messer
...

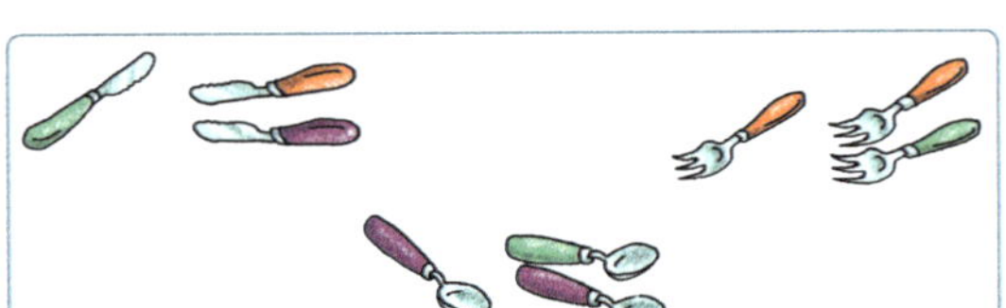

12

Bestimmte Artikel vor Nomen kennenlernen
Bestimmte Artikel in der Einzahl und Mehrzahl unterscheiden und anwenden

KV 23
Fö 31
HR

Nomen in der Einzahl haben auch **unbestimmte Artikel**.
Es sind **ein** und **eine**: ein Hund, eine Frau, ein Buch.
Du sagst **ein** oder **eine**, wenn du kein ganz bestimmtes Nomen meinst.

4 Schreibe die Nomen mit bestimmten Artikeln **der**, **die**, **das** und mit unbestimmten Artikeln **ein**, **eine** ins Heft.

4) der Mann – ein Mann
die Frau – ...

der / die / das	**ein / eine**
der Mann	▬ ▬
die Frau	▬ ▬
das Kind	▬ ▬
der Tisch	▬ ▬
die Treppe	▬ ▬
das Regal	▬ ▬

Aus **der** und **das** wird **ein**.
Aus **die** wird **eine**.

5 Schreibe die Nomen mit bestimmtem und unbestimmtem Artikel ins Heft.

5) der Stuhl – ein Stuhl

Artikel ergänzen

1 Lies die Nomen mit dem bestimmten Artikel **der**, **die** oder **das** einem Partnerkind vor.

▬ Hand	▬ Bauch	▬ Auge
▬ Ohr	▬ Nase	▬ Mund
▬ Zahn	▬ Bein	▬ Gesicht
▬ Schulter	▬ Hals	▬ Finger

Bist du unsicher? Schlage nach.

2 Schreibe die Nomen in Einzahl und Mehrzahl mit bestimmtem Artikel ins Heft.

2) der Zahn – die ...

Einzahl | **Mehrzahl**

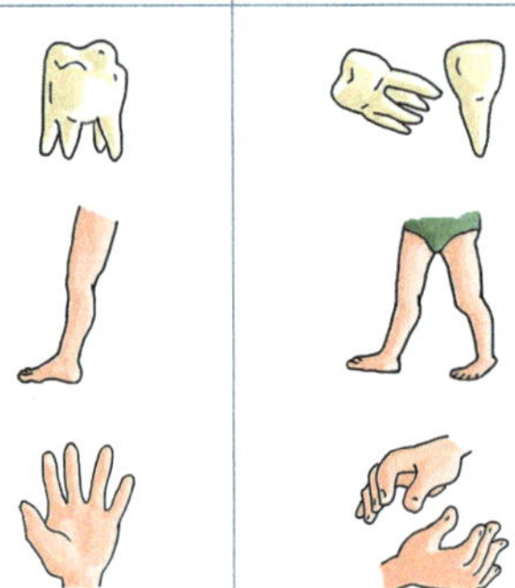

3 Schreibe die Nomen nach dem unbestimmten Artikel **ein** oder **eine** geordnet ins Heft.

3) ein	eine
ein Schal	

Schal	Strumpf	Bluse
Jacke	Hemd	Mütze
Mantel	Hose	Kleid

4 Schreibe 5 Nomen mit bestimmtem und unbestimmtem Artikel ins Heft.

4) der Stift – ein Stift
...

AH S. 10

12-13

Bestimmte Artikel Nomen zuordnen (mithilfe des Wörterbuchs)
Nomen nach dem unbestimmten Artikel ordnen

KV 25
Fö 33
HR

5 Lies die Sätze einem Partnerkind vor.
Setze den unbestimmten Artikel **ein** oder **eine**
oder den bestimmten Artikel **der**, **die** oder **das** ein.

ein → der

Im Regal liegt ___ Teddy.

Im Sessel liegt ___ Teddy mit den grünen Augen.

eine → die

Im Bett liegt ___ Mütze.

Im Schrank liegt ___ Mütze mit der roten Schleife.

ein → das

Im Sessel liegt ___ Buch.

Im Regal liegt ___ neue Buch über Pferde.

6 Lies die Sätze einem Partnerkind vor.
Setze den unbestimmten oder den bestimmten Artikel ein.

Im Garten spielt ___ Kind.
Im Garten spielt ___ Kind mit der gelben Mütze.

Neben der Bank steht ___ Rutsche.
Neben der Bank steht ___ Rutsche mit der roten Leiter.

Unter dem Baum liegt ___ Ball.
Unter dem Baum liegt ___ Ball mit den bunten Punkten.

7 Schreibe Sätze wie in Aufgabe 6 ins Heft. Unterstreiche die Artikel.
Dort fährt <u>ein</u> Auto. <u>Das</u> Auto ist rot.

S3

Verben erkennen

1 Sprich mit einem Partnerkind.
Was meint Flex?

Verben sind Wörter, vor die du **ich**, **du**, **er/sie/es**, **wir**, **ihr**, **sie** setzen kannst. **Verben** haben verschiedene Wortbausteine:
ich *spiele*, du *spielst*, er *spielt*, sie *spielt*, es *spielt*,
wir *spielen*, ihr *spielt*, sie *spielen*.

2 Schreibe die Verben mit **ich**, **du**, **er/sie/es**, **wir**, **ihr**, **sie** ins Heft.
Markiere die Wortbausteine am Ende.

fragen	lernen
üben	hören

2) ich frage
du fragst
er/sie/es fragt
wir fragen
ihr fragt
sie fragen

3 Schreibe die Verben **schlafen** und **essen** mit **ich**, **du**, **er/sie/es**, **wir**, **ihr**, **sie** wie in Aufgabe 2 ins Heft.

Die Wortart *Verb* kennenlernen
Erfahren, dass sich Verben in der Endung verändern
Verben in ihrer gebeugten Form mit Pronomen schreiben

KV 26
Fö 35

4 Welche Wörter im Bild sind Verben? Mache die Verbprobe und schreibe die Verben ins Heft.

4) zeigen, ...

5 Schreibe die Verben passend zu den Personen ins Heft.

5) zeigen	bauen	suchen	...
ich zeige	...		

zeigen	**bauen**	**suchen**	**lachen**
ich ___	du ___	wir ___	er ___
Ole ___	Lina ___	er ___	ich ___
wir ___	ich ___	du ___	du ___

6 Schreibe die Sätze ins Heft. Markiere die Verben.

6) Sie springt von einer Mauer. Ich ...

Sie springt von einer Mauer.
Ich rede mit meiner Freundin.
Er blättert in einem Bilderbuch.
Du kletterst auf den Apfelbaum.
Wir schießen auf die Torwand.

Verben ergänzen

1 Schreibe die Sätze jeweils mit den verschiedenen Personen ins Heft.
Markiere in den Verben die Wortbausteine am Ende.

1) Ich rufe Max.
Du ...

Ich rufe Max.	Ich besuche Oma.
Du rufst Max.	Du ■ ■.
Er ruf■ ■.	■ ■ ■.
Wir ■ ■.	■ ■ ■.
Ihr ■ ■.	■ ■ ■.
Sie ■ ■.	■ ■ ■.

Denke an die Punkte am Satzende.

2 Lies die Sätze einem Partnerkind vor.
Setze die passenden Wortbausteine ein.

en
t
st
e

Max und Opa woll■ mit dem Zug zu Oma fahr■ .

Am Bahnhof kauf■ Opa zwei Fahrkarten.

Als der Zug komm■ , ruf■ er laut:

„Max, du darf■ nicht so nah an die Gleise geh■ . “

Max murmel■ : „Ja, ich pass■ auf. “

Opa sag■ : „Das mach■ du gut. “

3 Was können die **Hände** tun?
Was können die **Füße** tun?
Was kann der **Arm** tun?
Schreibe passende Verben ins Heft.
Markiere die Wortbausteine am Ende.

3a) sie winken, sie ...
b) sie ...

a) 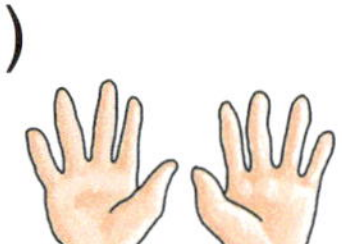

b) 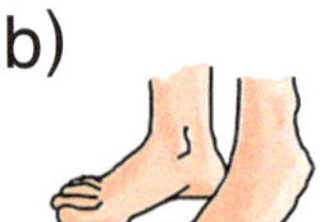

c) 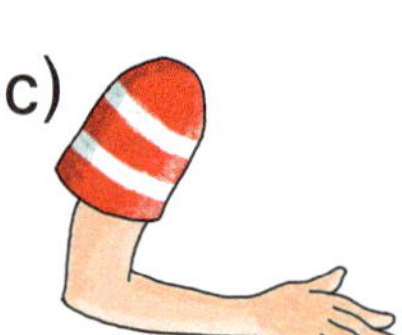

Wortbausteine am Ende der Verben einsetzen
Verben zu Körperteilen mit passenden Wortbausteinen schreiben

Verben zuordnen

1 Lies die Verben.
Zeige einem Partnerkind, zu welchen Bildern die Verben passen.

schneiden	verkaufen	backen	mauern	bedienen	singen

2 Schreibe die Sätze mit den Verben von Aufgabe 1 ins Heft.
Setze die richtigen Wortbausteine am Ende der Verben ein.

2) Die Sängerin singt ...

Die Sängerin ___ ein schönes Lied.

Der Bäcker ___ leckeres Brot.

Der Maurer ___ die Wände.

Die Frisörin ___ den Leuten die Haare.

Der Buchhändler ___ Bücher.

Die Kellnerin ___ die Gäste.

Die Verben musst du am Ende verändern, damit sie gut in den Satz passen.

3 Schreibe passende Verben zu den Berufen ins Heft.

3a) helfen, ...
b) ...

a) 

b) 

c) 

4 Überlege dir 2 andere Berufe.
Schreibe passende Verben dazu ins Heft.

Satzzeichen setzen

1 Sprich mit einem Partnerkind.
Beantwortet Floras Frage.

2 Lies die Sätze einem Partnerkind vor.
Lies so, dass man hört, ob du den Satz sagst, fragst oder rufst.

Jan backt Kuchen.	Papa kocht Suppe.	Ida spielt Hockey.
Was backt Jan?	Wer kocht Suppe?	Was spielt Ida?
Jan backt Kuchen!	Papa kocht Suppe!	Ida spielt Hockey!

Am Ende eines Satzes steht ein **Satzzeichen**.
. **Punkt** - Du **sagst** oder **erzählst** etwas: Ich spiele gern Fangen.
? **Fragezeichen** - Du **fragst** jemanden etwas: Was sollen wir spielen?
! **Ausrufezeichen** - Du **rufst** etwas laut aus: Tolle Idee!
Das Ausrufezeichen steht auch nach einer **Aufforderung**: Spiel doch mit!

3 Schreibe die passenden Ausrufesätze zu den Bildern ins Heft.

3 a) Achtung, ...
b) ...

a) 
b) 
c) 
d) 

e) 
f) 

Schuhe ausziehen! Vorsicht, giftig! Psst, sei leise!
Achtung, Ampel! Hunde verboten! Stopp!

4 Lies die Sätze einem Partnerkind vor.
Achte auf die Verben und die Satzzeichen.

Aylin **fragt** Oskar: „Wann bist du endlich fertig **?**“

Oskar **antwortet**: „Ich brauche noch fünf Minuten **.**“

Aylin **ruft**: „Bitte beeile dich **!**“

Oskar **schreit**: „Immer diese Hektik **!**“

Aylin **fragt**: „Warum dauert das denn so lange **?**“

5 Lies die Sätze einem Partnerkind vor.
Achte auf die Satzzeichen.

Tim spielt mit Lena **.**	Spielt Tim mit Lena **?**
Emre ist auch dabei **.**	Ist Emre auch dabei **?**
Die drei spielen Basketball **.**	Spielen die drei Basketball **?**
Tim soll den Ball fangen **.**	Fang den Ball, Tim **!**
Er wirft den Ball am Korb vorbei **.**	Wirf den Ball noch einmal **!**

6 Hier fragt oder sagt jemand etwas.
Schreibe die Sätze mit den passenden Fragewörtern ins Heft.

6) Wer geht ins Kino?
Oma ...

Wer	Wann	Wo	Wohin

■ geht ins Kino ■	Oma geht ins Kino ■
■ ist das Kino ■	Das Kino ist in der Stadt ■
■ geht Oma ■	Oma geht ins Kino ■
■ geht Oma ins Kino ■	Sie geht am Mittwoch ins Kino ■

7 Schreibe 3 Sätze ins Heft. Verwende die Satzzeichen . ? !.

Verben erkennen, die die Satzart anzeigen
Fragewörter und Satzzeichen einsetzen
Sätze mit Satzschlusszeichen schreiben

Fö 39 / Fo 22

17

Fragen stellen und Antworten geben

1 Lies die Sätze.
Achte dabei auf die Satzzeichen . und ?.

Wie heißt du ?	Ich heiße Tina .
Wie alt bist du ?	Ich bin 7 Jahre alt .
Wo wohnst du ?	Ich wohne in Hamburg .
Hast du einen Bruder ?	Nein, ich habe eine Schwester .
Wann hast du Geburtstag ?	Ich habe am 7. Mai Geburtstag .

2 Lies die Fragen von Aufgabe 1 einem Partnerkind vor.
Dein Partnerkind antwortet.

3 Schreibe die passenden Fragen zu den Antworten ins Heft.
Setze die Satzzeichen und markiere sie.

3) Wo wohnst du?
...

- ▬ Ich wohne in Dortmund.
- ▬ Ich heiße Mirko.
- ▬ Ich bin 8 Jahre alt.
- ▬ Ich habe einen Hund.
- ▬ Ich esse gern Nudeln.
- ▬ Ich spiele gern Karten.

4 Schreibe passende Fragen zu den Antworten ins Heft.

4a) Wann ...

a) Dominik hat am 1. Mai Geburtstag.
b) Kilian wohnt in Frankfurt.
c) Meike ist 9 Jahre alt.
d) Muhammad hat eine Schwester.
e) Yaras Hobby ist Radball.

5 Was willst du von einem Partnerkind wissen?
Stelle deinem Partnerkind 5 Fragen.
Was isst du gern? ...

AH S. 13
18

Auf Satzschlusszeichen bei Fragen und Antworten achten
W-Fragen formulieren und beantworten
Ein Kurzinterview durchführen

KV 30
Fö 40, 41
HR

Satzzeichen in Texte einsetzen

1 Lies den Witz halblaut.
Schreibe den Witz mit Satzzeichen ins Heft.

1) Frau Schenker fragt:
„ …

Frau Schenker fragt: „Johan, wie heißt Glocke auf Englisch ■ “

Johan ruft: „Keine Ahnung ■ “

Frau Schenker sagt: „Bell ■ “

Darauf ruft Johan: „Wuff, wuff ■ “

2 An welchen Verben von Aufgabe 1 erkennst du eine Frage, einen Ausruf oder eine Aussage? Markiere.

3 Lies den Text halblaut.

Englisch macht Spaß

Lotte sitzt neben Johan ■

Sie fragt ihn leise: „Warum hast du gebellt ■ “

Johan antwortet: „Frau Schenker hat gesagt,

dass ich bellen soll ■ “

Lotte wird böse und ruft: „Das stimmt doch nicht ■ “

Johan schreit: „Das stimmt wohl ■ “

Frau Schenker schaut zu den beiden herüber ■

Lotte will es Johan erklären ■

Sie flüstert: „Du solltest sagen,

was Glocke auf Englisch heißt ■ “

Johan antwortet: „Und weil ich es nicht wusste, sollte ich bellen ■ “

Lotte lacht: „So ein Quatsch, Glocke heißt auf Englisch **bell** ■ “

Johan ruft erstaunt: „Ach so ■ “

Satzschlusszeichen in Texte einsetzen
Signalwörter für Aussage, Frage und Ausruf erkennen
Sätze entsprechend der Satzschlusszeichen betont lesen

KV 31, 32
Fö 41, 42 / Fo 22

19 S4

Adjektive erkennen

1 Sprich mit einem Partnerkind.
Warum weiß Flex nicht, welchen Stein Flora braucht?

2 Lies die Sätze einem Partnerkind vor. Setze die passenden Wörter ein.

rund	klein	eckig	blau	groß	braun

 Der Baustein ist ___.

 Der Baustein ist ___.

 Der Baustein ist ___.

 Der Baustein ist ___.

 Der Baustein ist ___.

 Der Baustein ist ___.

Adjektive sind Wörter, die sagen, wie Menschen, Tiere, Pflanzen und Dinge sind. Mit Adjektiven kann man genau beschreiben:
Der Baustein ist **rund**, **klein** und **rot**.

3 In jedem Satz passt ein Adjektiv nicht.
Schreibe die Sätze richtig ins Heft.

3) Eine Feder ist leicht.
...

Eine Feder ist leicht schwer.

Ein Rennauto ist langsam schnell.

Ein Riese ist klein groß.

Ein Würfel ist eckig rund.

Die Wortart *Adjektiv* kennenlernen
Dinge mit Adjektiven beschreiben

Fö 43
HR

4 Lies die Sätze.

 Der Ball ist rot.

 Die Kinder sind lustig.

 Die Hose ist alt.

 Die Muscheln sind schön.

 Das Auto ist klein.

Das ist ein kleines Auto.

Das sind schöne Muscheln.

Das ist ein roter Ball.

Das sind lustige Kinder.

Das ist eine alte Hose.

5 Immer 2 Sätze gehören zusammen.
Lies sie einem Partnerkind vor.

Adjektive können zwischen Artikel und Nomen stehen.
Dann haben sie verschiedene Wortbausteine am Ende:
ein rot**er** Ball, eine alt**e** Hose, ein klein**es** Auto, ...

6 Beschreibe genau. Schreibe ins Heft.

dick	schief	alt	rund	gefleckt

der Knopf 

der Turm 

das Buch 

die Kuh 

das Haus 

6) Das ist ein runder Knopf.
...

7 Markiere in jedem Satz von Aufgabe 6 das Adjektiv.

8 Beschreibe genau. Verwende Adjektive.
Schreibe die Sätze ins Heft.

Mit Adjektiven Gegensätze beschreiben

1 Schreibe die Gegensatzpaare ins Heft.

leise	hell
schwer	billig
teuer	laut
dunkel	leicht

groß	heiß
kalt	klein
langsam	reich
arm	schnell

1) leise – laut

...

2 Lies die Sätze halblaut mit passenden Adjektiven von Aufgabe 1.

In der Tasse dampft ▬ Kakao.

Im Kühlschrank steht ▬ Saft.

Im Wind weht eine ▬ Feder.

Im Keller steht eine ▬ Kiste.

Die Schnecke ist ein ▬ Tier.

Der Jaguar ist ein ▬ Tier.

3 Schreibe die Sätze mit den Gegensätzen ins Heft. Markiere die Adjektive.

3) Es ist nicht sauer,
sondern süß.

...

Es ist nicht sauer, sondern ▬ .

Es ist nicht schmutzig, sondern ▬ .

Es ist nicht jung, sondern ▬ .

Es ist nicht weich, sondern ▬ .

Adjektive, die einen Gegensatz ausdrücken, einander zuordnen
Adjektive in Sätze einsetzen und dadurch einen Gegensatz beschreiben

Mit Adjektiven unterscheiden

1 Lies die Texte und schreibe die Adjektive ins Heft.
Schreibe dann die Namen der Clowns ins Heft.

1a) blaue, lange, ...
b) ...
Clown 1: ...
Clown 2: ...

a) Mein Clown heißt Alfons.
Alfons hat blaue Augen.
Er hat lange, gelbe Haare
und eine runde, rote Nase.
Er trägt einen schwarzen Hut
und eine kurze Jacke.

b) Mein Clown heißt Pippa.
Pippa hat braune Augen.
Sie hat rote, struppige Haare
und eine runde, rote Nase.
Sie trägt einen grünen Hut
und einen langen Umhang.

Clown 1   Clown 2

2 Lies die Texte. Finde die passenden Tiere.

Mein Tier ist ein wildes Tier.
Es lebt im heißen Afrika.
Das Fell hat schwarze Streifen.
Es ist ein schneller Läufer.
Es hat einen kurzen Hals.

Mein Tier ist auch ein wildes Tier.
Es lebt auch im heißen Afrika.
Das Fell hat braune Flecken.
Es ist auch ein schneller Läufer.
Es hat einen sehr langen Hals.

der Löwe

die Giraffe

das Zebra

der Gepard

3 Welches ist dein Lieblingstier?
Beschreibe es im Heft genau. Verwende viele Adjektive.
Mein Lieblingstier ist ...
Es hat ein ... Fell. ...

Adjektive in einem Text erkennen
Ein Bild anhand einer Beschreibung mit Adjektiven erkennen
Ein Tier mit Adjektiven beschreiben

KV 36

Wortfamilien erkennen

1 Sprich mit einem Partnerkind.
Was meint Flora?

Bei **verwandten** Wörtern einer **Wortfamilie** schreibst du einen Teil des Wortes immer gleich oder ähnlich.
Dieser Teil heißt **Wortstamm**: Kochbuch, einkochen, …

2 Schreibe die Wörter ins Heft
und markiere den Wortstamm **Freund/freund**.

2) Freundin, …

Freundin freundlich Schulfreund
befreundet Freundschaft
Freundebuch unfreundlich Freunde

3 Bilde zum Wortstamm **Schlaf/schlaf**
eine Wortfamilie.
Schreibe die Wörter ins Heft.

3) Schlafzimmer, …

Schlaf- -zimmer, -anzug, -lied

ver-, ein-, durch- **-schlaf-** -en

4 Schreibe Wörter mit dem Wortstamm **Tag/tag** ins Heft:
Sonntag, Tagebuch, …

Wortfamilien/verwandte Wörter kennenlernen
Den Wortstamm in einer Wortfamilie erkennen
Zu einem Wortstamm eine Wortfamilie bilden

Fö 49 / Fo 25
HR

Wortfamilien ordnen

1 Schreibe die Wörter nach den Wortfamilien **fliegen** und **spielen** geordnet ins Heft.
Markiere den Wortstamm
Flieg / flieg und **Spiel / spiel**.

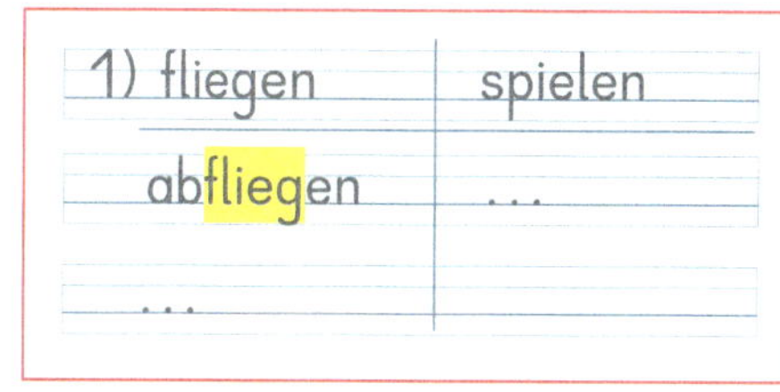

abfliegen	Spielkarte
Fliege	vorspielen
mitspielen	wegfliegen
Spielfeld	Fliegenpilz

2 Finde in den Wörtern den Wortstamm.
Lies die Wörter. Zeige einem Partnerkind das falsche Wort.

Sportstunde sportlich Sportler Ballsport sparsam Sportplatz

verrechnen Rechnung vorrechnen vorschreiben abrechnen

Sonntag Sonnenschirm sonnig Sommer Sonnencreme sonnen

3 Welcher Wortstamm kommt in jedem Satz vor?
Zeige ihn einem Partnerkind.

Jannis hat ein neues Fahrrad bekommen.
Sein Bruder Felix wünscht sich auch ein Fahrzeug, ein Mofa.
In der Fahrschule nimmt Felix Fahrstunden.
Felix ist schon einmal mit dem Fahrlehrer mitgefahren.
Die Fahrt war sehr aufregend.

Wortfamilien bilden

1 Bilde zum Wortstamm **Mal/mal** eine Wortfamilie. Schreibe die Wörter ins Heft.

1) Malfarbe, ...

Mal-	-farbe -kasten -schule -er

ab- an- aus- über-	**-mal-**	-en

2 Bilde zum Wortstamm **Lauf/lauf** eine Wortfamilie. Du kannst die Wortbausteine mehrmals benutzen. Schreibe die Wörter ins Heft und markiere den Wortstamm.

2) Laufbahn, ...

vor- -schuhe fort- über- -bahn **Lauf-** -treffen weg-

ver- -strecke -zeit **-lauf-** -en -training -hose

3 Bilde Wörter zur Wortfamilie **kaufen**. Schreibe sie ins Heft. Der Wortstamm kann sich leicht verändern: gekauft, Käufer, ...

AH S. 16
24

KV 38
Fö 51, 52
HR

Wortfamilien erkennen

1 Zeige die Wörter mit dem Wortstamm **Schul/schul** einem Partnerkind. Es gibt in jedem Satz ein Wort.

Heute feiert die Sonnenschule ein Fest.
Am Schultor hängt ein Plakat.
Auf dem Schulhof gibt es viele Stände.
Um 15 Uhr singt der Schulchor.
Am Ende bedankt sich der Schulleiter bei den Gästen.

2 Schreibe die Wörter ins Heft. Markiere den Wortstamm, der immer gleich ist.

2) Turnverein, …

Turnverein	turnen	Turnschuhe	vorturnen
Turnhalle	Turnanzug	geturnt	Kinderturnen

3 Setze die passenden Wörter von Aufgabe 2 ein. Lies die Sätze einem Partnerkind vor.

Meine kleine Schwester Sina geht mit Opa in die ___ .
Oh Schreck! Opa hat den ___ vergessen.
Zum Glück hat Sina ihre ___ schon eingepackt.
Heute darf sie in Jeans und T-Shirt ___ .
Vielleicht will Sinas Familie in den ___ eintreten.

4 Schreibe die Wörter mit dem Wortstamm **Bad/bad** ins Heft. Markiere den Wortstamm.

4) Hallenbad, …

Lilli will mit ihrer Schwester ins Hallenbad gehen.
Die Mädchen packen ihre Badeanzüge ein.
Die Badelaken sind schon in der Tasche.
Lilli holt noch die Badeente aus dem Badezimmer.
Im Hallenbad sagt der Bademeister lächelnd:
„Tiere sind hier nicht erlaubt."

S5

Sprache erforschen

1 Sprich mit einem Partnerkind.
Was meint Flora?

2 Lies die Begrüßungen. Zeige einem Partnerkind die passenden Bilder.

Hallo!

Moin, moin!

Grüß Gott!

Hello!

3 Schreibe die hochdeutschen Wörter und die norddeutschen Wörter geordnet ins Heft.

Mädchen	lütt
reden	Deern
klein	klönen

Tag	Natt
Nacht	Snee
Schnee	Dag

3) Mädchen – Deern
...

Im Norden sprechen manche Menschen Plattdeutsch.

4 Schreibe die hochdeutschen Wörter und die süddeutschen Wörter geordnet ins Heft.

4) Junge – Bub
...

Junge	Radl
reden	Bub
Fahrrad	schwätzen

arbeiten	Mädle
Mädchen	Semmel
Brötchen	schaffen

Unterschiedliche Begrüßungen kennenlernen
Sich bewusst werden, dass es regionalsprachliche Besonderheiten gibt

HR

Gesprochene und geschriebene Sprache unterscheiden

1 Schreibe die gesprochenen Wörter richtig ins Heft.

1) Vata – Vater
...

oft spricht man	man schreibt aber
Vata	___
Bruda	___
Schwesta	___

Warum ist das falsch? Man spricht doch **Vata**!

oft spricht man	man schreibt aber
durstich	___
zwanzich	___
fertich	___

Viele Wörter werden nicht deutlich ausgesprochen. Da musst du aufpassen!

Manchmal hört man beim Sprechen nicht alle Buchstaben: maln – malen.

2 Schreibe die gesprochenen Verben richtig ins Heft.

2) maln – malen
...

maln	gehn	stehn
sehn	redn	tragn

3 Manchmal spricht man Wörter anders, als sie geschrieben werden. Zeige einem Partnerkind die passenden Wörter.

Mondag	Mutter
denge	Montag
Mudder	denken

Fescht	Wurst
Wurscht	Fenster
Fenschter	Fest

Englische Fachwörter für Medien nutzen

1 Sprich mit einem Partnerkind über die Wörter.
Welche Wörter kennt ihr schon?

App Internet Hamburger E-Mail USB-Stick Jeans
Smartphone Selfie Computer Basketball Tablet

2 Welche 3 Wörter gehören nicht zum Thema **Medien**?
Zeige sie einem Partnerkind.

3 Sage einem Partnerkind, was du auf den Bildern siehst.
Wähle zu jedem Bild das passende Fachwort von Aufgabe 1 aus.

(A)

(B)

(C)

(D)

4 Zeige einem Partnerkind, welche Bedeutung
zu welchem Bild von Aufgabe 3 passt.

- ein kleiner flacher Computer, der mit den Fingern gesteuert werden kann
- ein kleines Speichergerät, auf dem Daten (Texte, Fotos, Audiodateien) für den Computer gesichert werden können
- ein elektronischer Brief, der von einem Computer zum anderen geschickt wird
- ein kleines Programm, das man sich auf das Smartphone oder das Tablet laden kann

5 Suche für die anderen Medien-Fachwörter Erklärungen auf
www.internet-abc/kinder/lexikon.